Italian Art Songs
of the 17th & 18th Centuries

VOCAL COMPACT DISCS

MMO CD 4001 ***Franz Schubert Songs*** *for High Voice*
An die Musik; Die forelle; Auf dem Wasser zu singen; Du bist die Ruh; Wohin?; Nacht und Traüme; Ständchen; Heidenröslein; Gretchen am spinnrade; Der Musensohn; Romanze aus "Rosamunde"; Lachen und Weinen; Der Tod und das Mädchen; An Silvia; Seligkeit

MMO CD 4002 ***Franz Schubert Songs*** *for Low Voice*
An die Musik; Auf dem Wasser zu singen; Du bist die Ruh; Wohin?; Nacht und Traüme; Ständchen; Heidenröslein; Gretchen am spinnrade; Erlkönig; Romanze aus "Rosamunde"; Aufenthalt; Der Tod und das Mädchen; An Silvia; Seligkeit

MMO CD 4003 ***Franz Schubert Songs*** *for High Voice Vol. 2*
Frühlingsglaube; Dass sie hier gewesen!; Im Frühling; Die liebe hat gelogen; Du liebst mich nicht; Erster verlust; Die allmacht; Ganymed; Wanderers nachtlied; Nähe des Geliebten; Fischerweise; Nachtviolen; Rastlose Liebe; Im Abendrot; Ungeduld

MMO CD 4004 ***Franz Schubert Songs*** *for Low Voice Vol. 2*
Frühlingsglaube; Dass sie hier gewesen!; Im Frühling; Die liebe hat gelogen; Du liebst mich nicht; Erster verlust; Die allmacht; Ganymed; Wanderers nachtlied; Nähe des Geliebten; Fischerweise; Nachtviolen; Rastlose Liebe; Im Abendrot; Ungeduld

MMO CD 4005 ***Johannes Brahms Lieder*** *for High Voice*
Liebestreu; Der Tod, das ist die kühle Nacht; Wie Melodien zieht es mir; Immer leiser wird mein Schlummer; Ständchen; Botschaft; O wüsst ich doch den Weg zurück; Dein Blaues Auge; An die Nachtigall; Bei dir sind meine Gedanken; Von ewiger Liebe; Die Mainacht; Sonntag; Vergebliches Ständchen; Meine Liebe ist grün

MMO CD 4006 ***Johannes Brahms Lieder*** *for Low Voice*
Liebestreu; Sapphische Ode; Wie Melodien zieht es mir; Immer leiser wird mein Schlummer; Auf dem Kirchhofe; Botschaft; Sonntag; O wüsst ich doch den Weg zurück; Dein Blaues Auge; An die Nachtigall; Alte Liebe; Von ewiger Liebe; Die Mainacht; Vergebliches Ständchen; Meine Liebe ist grün

MMO CD 4007 ***Everybody's Favorite Songs*** *for High Voice*
Bach My Heart Ever Faithful; ***Gounod*** Ave Maria; ***Schubert*** Ave Maria; ***Brahms*** Wiegenlied; ***Franz*** Dedication; ***Dvorak*** Songs My Mother Taught Me; ***Tschaikovsky*** None But The Lonely Heart; ***Grieg*** I Love Thee; ***Hahn*** Si mes vers avaient des ailes; ***Faure*** Apres un Rêve; ***Moore*** Last Rose Of Summer; ***Jonson*** Drink To Me Only With Thine Eyes; ***Quilter*** Now Sleeps The Crimson Petal; ***Haydn*** My Mother Bids Me Bind My Hair

MMO CD 4008 ***Everybody's Favorite Songs*** *for Low Voice*
Bach My Heart Ever Faithful; ***Gounod*** Ave Maria; ***Schubert*** Ave Maria; ***Brahms*** Wiegenlied; ***Franz*** Dedication; ***Dvorak*** Songs My Mother Taught Me; ***Tschaikovsky*** None But The Lonely Heart; ***Grieg*** I Love Thee; ***Hahn*** Si mes vers avaient des ailes; ***Faure*** Apres un Rêve; ***Moore*** Last Rose Of Summer; ***Jonson*** Drink To Me Only With Thine Eyes; ***Quilter*** Now Sleeps The Crimson Petal; ***Haydn*** My Mother Bids Me Bind My Hair

MMO CD 4009 ***Everybody's Favorite Songs*** *for High Voice Vol. 2*
Purcell Music For A While; ***Torelli*** Tu lo sai; ***Mozart*** Das Veilchen; ***Handel*** Where'er You Walk; ***Beethoven*** Ich liebe dich; ***Schumann*** Der Nüssbaum; Die Lotosblüme; ***Schubert*** Litanei; ***Mendelssohn*** On Wings Of Song; ***Bohm*** Still wie die nacht; ***Trad.*** Londonderry Air; Greensleeves; ***Moore*** Believe Me, If All Those Endearing Young Charms; ***Debussy*** Beau Soir; ***Wolf*** Verborgenheit; ***Strauss*** Zueignung

MMO CD 4010 ***Everybody's Favorite Songs*** *for Low Voice Vol. 2*
Purcell Music For A While; ***Torelli*** Tu lo sai; ***Mozart*** Das Veilchen; ***Handel*** Where'er You Walk; ***Beethoven*** Ich liebe dich; ***Schumann*** Der Nüssbaum; Die Lotosblüme; ***Schubert*** Litanei; ***Mendelssohn*** On Wings Of Song; ***Bohm*** Still wie die nacht; ***Trad.*** Londonderry Air; Greensleeves; ***Moore*** Believe Me, If All Those Endearing Young Charms; ***Debussy*** Beau Soir; ***Wolf*** Verborgenheit; ***Strauss*** Zueignung

MMO CD 4011 ***17th/18th Century Italian Songs*** *Vol. 1 for High Voice*
Caldara Selve amiche; ***Carissimi*** Vittoria, mio cuore; ***Monteverdi*** Lasciatemi morire; ***Scarlatti*** Già il sole dal Gange; ***Caccini*** Udite, amanti; ***Cavalli*** Sospiri di fuoco; ***Caccini*** Belle rose purpurine; ***Falconieri*** Bella porta di rubini; ***Durante*** Vergin, tutto amor; ***Giordani*** Caro mio ben; ***Caccini*** Sfogava con le stelle; ***Peri*** Nel puro ardor; ***Scarlatti*** Sento nel core

MMO CD 4012 ***17th/18th Century Italian Songs*** *Vol. 1 for Low Voice*
Caldara Selve amiche; ***Carissimi*** Vittoria, mio cuore; ***Monteverdi*** Lasciatemi morire; ***Scarlatti*** Già il sole dal Gange; ***Caccini*** Udite, amanti; ***Cavalli*** Sospiri di fuoco; ***Caccini*** Belle rose purpurine; ***Falconieri*** Bella porta di rubini; ***Durante*** Vergin, tutto amor; ***Giordani*** Caro mio ben; ***Caccini*** Sfogava con le stelle; ***Peri*** Nel puro ardor; ***Scarlatti*** Sento nel core

MMO CD 4013 ***17th/18th Century Italian Songs*** *Vol. 2 for High Voice*
Caccini Amarilli; ***Legrenzi*** Che fiero costume; ***Durante*** Danza, danza, fanciulla; ***Caccini*** Occhi immortali; ***Cavalli*** Son ancor pargoletta; ***Scarlatti*** O cessate di piagarmi; ***Stradella*** Se nel ben sempre inconstante; ***Falconieri*** Occhietti amati; ***Scarlatti*** Toglietemi la vita ancor; ***Rontani*** Caldi sospiri; ***Monteverdi*** Illustratevi, o cieli; ***Rosa*** Vado ben spesso cangiando loco; ***Peri*** Gioite al canto mio

MMO CD 4014 ***17th/18th Century Italian Songs*** *Vol. 2 for Low Voice*
Caccini Amarilli; ***Legrenzi*** Che fiero costume; ***Durante*** Danza, danza, fanciulla; ***Caccini*** Occhi immortali; ***Cavalli*** Son ancor pargoletta; ***Scarlatti*** O cessate di piagarmi; ***Stradella*** Se nel ben sempre inconstante; ***Falconieri*** Occhietti amati; ***Scarlatti*** Toglietemi la vita ancor; ***Rontani*** Caldi sospiri; ***Monteverdi*** Illustratevi, o cieli; ***Rosa*** Vado ben spesso cangiando loco; ***Peri*** Gioite al canto mio

MMO CD 4015 ***Famous Soprano Arias***
Mozart Ach ich fühl's *(Magic Flute)*; Deh vieni, non tardar *(Marriage Of Figaro)*; ***Puccini*** Mi chiamano Mimi *(La Boheme)*; Un bel di vedremo *(Madama Butterfly)*; ***Verdi*** Addio, del passato *(La Traviata)*; Ave Maria *(Otello)*; ***Weber*** Und ob die Wolke *(Der Freischütz)*; ***Puccini*** O mio babbino caro *(Gianni Schicchi)*; ***Charpentier*** Depuis le jour *(Louise)*; ***Verdi*** Sul fil d'un soffio etesio *(Falstaff)*; ***Puccini*** Quando m'en vo *(La Boheme)*; ***Massenet*** Adieu, notre petite table *(Manon)*; ***Gounod*** Jewel Song *(Faust)*

MMO CD 4016 ***Famous Mezzo-Soprano Arias***
Gluck Che faro senza Euridice *(Orfeo)*; ***Handel*** Largo *(Xerxes)*; ***Mozart*** Voi, che sapete; Non so più cosa son *(Marriage Of Figaro)*; ***Thomas*** Connais tu le pays? *(Mignon)*; ***Ponchielli*** Voce di donna *(La Gioconda)*; ***Verdi*** Stride la vampa *(Il Trovatore)*; ***Saint-Saens*** Printemps qui commence; Amour, viens aider; Mon coeur s'ouvre a ta voix *(Samson Et Dalila)*; ***Bizet*** Habanera; Seguidilla *(Carmen)*

MMO CD 4017 ***Famous Tenor Arias***
Mozart Dies Bildness *(Magic Flute)*; Dalla sua pace *(Don Giovanni)*; ***Verdi*** De' miei bollenti spiriti *(La Traviata)*; La donna è mobile *(Rigoletto)*; ***Lalo*** Aubade *(Le Roi d'Ys)*; ***Gounod*** Salut! Demeure chaste et pure *(Faust)*; ***Massenet*** Le Rêve *(Manon)*; ***Flotow*** M'appari *(Martha)*; ***Giordano*** Amor ti vieta (Fedora); ***Puccini*** Donna non vidi mai *(Manon Lescaut)*; E lucevan le stelle *(Tosca)*; Che gelida manina *(La Boheme)*; ***Bizet*** Flower Song *(Carmen)*

MMO CD 4018 ***Famous Baritone Arias***
Mozart Non più andrai *(Marriage Of Figaro)*; Deh vieni alla Finestra *(Don Giovanni)*; Der Vogelfänger bin ich ja *(Magic Flute)*; ***Gounod*** Avant de quitter ces lieux (Eb); Avant de quitter ces lieux (Db) *(Faust)*; ***Verdi*** Il balen del suo sorriso *(Il Trovatore)*; Di provenza il mar *(La Traviata)*; ***Bizet*** Toreador Song *(Carmen)*; ***Leoncavallo*** Prologue *(I Pagliacci)*; ***Verdi*** Alla vita che t'arride; Eri tu che macchiavi *(Un Ballo In Maschera)*; ***Massenet*** Vision Fugitive *(Hérodiade)*; ***Wagner*** O du mein holder Abendstern *(Tannhauser)*

MMO CD 4019 ***Famous Bass Arias***
Mozart O Isis und Osiris; In diesen Heil'gen Hallen *(Magic Flute)*; Non più andrai *(Marriage Of Figaro)*; ***Gounod*** Vous qui faites l'endormie *(Serenade)*; Le veau d'or *(Faust)*; ***Puccini*** Vecchia zimarra *(La Boheme)*; ***Verdi*** Quand'ero paggio *(Falstaff)*; ***Rossini*** La Calunnia *(Barber Of Seville)*; ***Bellini*** Vi ravviso, o luoghi ameni *(La Sonnambula)*; ***Verdi*** Infelice! e tuo credivi *(Ernani)*; Ella giammai m'amò *(Don Carlo)*; ***Verdi*** Il lacerato spirito *(Simone Boccanegra)*

MMO CD 4020 ***Hugo Wolf Lieder*** *for High Voice*
Im frühling; Auf ein altes Bild; Gebet; Lebe wohl; In der Frühe; Begegnung; Der Gärtner; Schlafendes Jesuskind; Nun lass uns Frieden schliessen; Verschwiegene liebe; Nachtzauber; Herr, was trägt der Boden hier; Ach, des knaben augen; Anakreons grab; Epiphanias

MMO CD 4021 ***Hugo Wolf Lieder*** *for Low Voice*
Im frühling; Auf ein altes Bild; Gebet; Lebe wohl; In der Frühe; Auf einer wanderung; Der Gärtner; Schlafendes Jesuskind; Um Mitternacht; Verschwiegene Liebe; Nachtzauber; Herr, was trägt der Boden hier; Ach, des knaben augen; Nun lass uns Frieden schliessen; Anakreons grab

MMO CD 4022 ***Richard Strauss Lieder*** *for High Voice*
Heimliche Aufforderung; Allerseelen; Heimkehr; Die Nacht; Morgen!; Wie sollten wir geheim; Wiegenlied; Befreit; Waldseligkeit; Freundliche vision; Mein auge; Traum durch die Dämmerung; Ständchen; Ich schwebe; Cäcilie

MMO CD 4023 ***Richard Strauss Lieder*** *for Low Voice*
Heimliche Aufforderung; Allerseelen; Heimkehr; Die Nacht; Morgen!; Wie sollten wir geheim; D[illegible] meines herzens krönelein; Befreit; Waldseligkeit; Freundliche vision; Icht trage meine Minne; Traum durch die Dämmerung; Ständchen; Ich schwebe; Cäcilie

MMO CD 4024 ***Robert Schumann Lieder*** *for High Voice*
Widmung; Du bist wie eine Blume; In der fremde; Waldesgespräch; Mondnacht; Frühlingsnach[illegible] Der himmel hat eine Träne geweint; Dein angesicht; Stille tränen; Ich grolle nicht; Requiem; Meine rose; Mit Myrten und Rosen; Mein schöner stern!; Schöne Wiege meiner Leiden

MMO CD 4025 ***Robert Schumann Lieder*** *for Low Voice*
Widmung; Du bist wie eine Blume; In der fremde; Waldesgespräch; Mondnacht; Frühlingsnacht; Der himmel hat eine Träne geweint; Dein angesicht; Stille tränen; Ich grolle nicht; Aus den hebraischen Gesängen; Meine rose; Mit Myrten und Rosen; Mein schöner stern!; Schöne Wiege meiner Leiden

MMO CD 4026 ***Mozart Opera Arias For Soprano***
(Cosi Fan Tutte) Come scoglio; *(Don Giovanni)* Non mi dir; *(Marriage Of Figaro)* Porgi, amor, qualche ristoro; Dove sono; *(Cosi Fan Tutte)* In uomini; Una donna a quindici anni; *(Don Giovanni)* Batti, batti, o bel masetto; Vedrai, Carino; *(Abduction From The Seraglio)* Ach, ich Lieb[illegible]

MMO CD 4027 ***Verdi Opera Arias For Soprano***
(La Forza Del Destino) Pace, Pace, mio Dio; *(Ernani)* Ernani, Involami; *(Un Ballo In Maschera)* Morro, ma prima in grazia; *(Il Trovatore)* D'Amor sull' ali rosee; *(Don Carlo)* Tu che le vanita; *(Aida)* Oh patria mia; *(Macbeth)* Una macchia

MMO CD 4028 ***Italian Opera Arias For Soprano***
(Julius Caesar) V'adorò pupille; Piangerò; *(William Tell)* Selva opaca; *(La Boheme)* Donde lieta usci; *(Cavalleria Rusticana)* Voi lo sapete; *(Adriana Lecouvreur)* Io son l'umile ancella; Poveri fiori; *(La Wally)* Ebben, n'andro lontana; *(Mefistofele)* L'altra notte;
(La Gioconda) Suicidio!

MMO CD 4029 ***French Opera Arias For Soprano***
(Alceste) Divinités du Styx; *(Iphigenie En Tauride)* O malheureuse Iphigenie!; *(Le Cid)* Pleurez! pleurez, mes yeux!; *(L'Enfant Prodigue)* Recitative and Lia's Aria; *(Carmen)* Je dis que rien ne m'épouvante; *(Hérodiade)* Il est doux, il est bon; *(Faust)* Le Roi de Thulé; *(Sapho)* O ma lyre immortelle

MMO CD 4030 ***Soprano Oratorio Arias***
Mozart Alleluia; Et Incarnatus Est; ***Haydn*** On Mighty Wings; With Verdure Clad; ***Mendelssohn*** Hear Ye, Israel!; ***Bach*** Ich Will Dir Mein Herze Schenken; Blute Nur; ***Handel*** Rejoice Greatly; Come Unto Him; I Know That My Redeemer Liveth

MMO CD 4031 ***Alto Oratorio Arias***
Handel O Thou That Tellest Good Tidings To Zion; He Shall Feed His Flock; ***Bach*** Prepare Thyself, Zion; Keep, O My Spirit; Buß Und Reu'; Erbarme Dich; ***Mendelssohn*** But The Lord Is Mindful Of His Own; O Rest In The Lord; ***Handel*** Thou Shalt Bring Them In; In The Battle

MMO CD 4032 ***Tenor Oratorio Arias***
Handel Comfort Ye; Every Valley; Thou Shalt Break Them; ***Bach*** Deposuit; ***Handel*** Waft Her, Angels; ***Haydn*** In Native Worth; ***Mendelssohn*** If With All Your Hearts; Then Shall The Righteous; ***Handel*** Sound An Alarm; ***Verdi*** Ingemisco

MMO CD 4033 ***Bass Oratorio Arias***
Haydn Now Shines The Brightest Glory Of Heaven; ***Handel*** But Who May Abide The Day Of His Coming; The Trumpet Shall Sound; Why Do The Nations; Honor And Arms; Arm, Arm, Ye Brave!; ***Mendelssohn*** Lord God Of Abraham; Is Not His Word Like A Fire; It Is Enough; ***Verdi*** Confutatis

Printed in Canada

MMO CD 4011

Music Minus One

17TH & 18TH CENTURY ITALIAN SONGS
For High Voice
Accompanist: John Wustman

Selve Amiche

Band 1

ANTONIO CALDARA
(1670-1736)

MMO CD 4011

Vittoria, Mio Cuore

GIACOMO CARISSIMI
(1605-1674)

Con grande animazione

alla Gagliarda

Vit - to - ria, vit - to - ria! Vit - to - ria vit - to - ria, mio

cuo - - re! Non la - gri-mar più, non la - gri-mar più! È

sciol - ta d'A - mo - re la vil ser - vi - tù. Vit - to - ria, vit -

to - ria, mio cuo - - re! Non la - gri-mar più! È sciol - ta ___ d'A -

mo - re ___ la ___ vil ser - vi - tù, è sciol - - - - - -

- - - - - ta d'A - mo - re la vil ser - vi - tù.

Appena meno mosso

Già l'em - pia tuoi dan - ni, Fra stuo - lo di sguar - di, Con vez - zi bu -

giar - di Di - spo - se ___ gli in - gan - ni, Le fro - de, gli af -

fan - ni, Non han - no più Io - - co, Del cru - do suo

a tempo

fo - co È spen - to ___ l'ar - do - - - re! Vit - to - ria, vit -

to - ria! Vit - to - ria, vit - to - ria, mio cuo - - - re! Non

la - gri-mar più, non la - gri-mar più, è sciol - ta ___ d'A -

mo - re __ la __ vil ser - vi - tù, è sciol - - - - -

- - - - - - ta d'A - mo - re la vil ser - vi - tù.

Lasciatemi Morire

(from "Arianna")

Band 3

CLAUDIO MONTEVERDI
(1567-1643)

La - scia - te - mi mo - ri - re, la - scia - te -
mi mo - ri - re! E chi vo - le - te voi _____ che mi con -
for - te In co - si du - ra sor - te, in co - si gran mar - ti - re? La -
scia - te - mi mo - ri - re, la - scia - te - mi mo - ri - re!

Già Il Sole Dal Gange

Band 4

ALESSANDRO SCARLATTI
(1659-1725)

Udite, Amanti

Band 5

GIULIO CACCINI
(1546-1618)

© Copyright 1993 MMO Music Group

Sospiri Di Foco

Band 6

FRANCESCO CAVALLI
(1602-1676)

Belle Rose Purpurine

Band 7

GIULIO CACCINI
(1546-1618)

Note: Mr. Wustman plays this selection only once through.

Bella Porta Di Rubini

Band 8

ANDREA FALCONIERI
(1590-1656)

1. Bel - la por - ta di ru - bi - ni, Ch'a-pri il var - co ai dol - ci ac-cen - ti,
3. Vez - zo-set - ta e fre - sca ro-sa, U - mi-det - to e __ dol - ce __ lab - bro,

Che nei ri - si __ pe - re - gri - ni Sco - pri per - le ri - lu -
Ch'hai la man - na __ ru - gia - do - sa, Sul bel - lis - si - mo ci -
(spi - ri - tuo - sa,)

cen - ti, Tu d'a - mor dol - ce au - ra __ spi - ri, Re - fri - ge - rio ai
na - bro, Non par - lar, ma __ ri - die ta - ci, Sian gli ac - cen - ti i __

miei mar - ti - ri, re - fri - ge - rio ai miei mar - ti - ri.
no - stri ba - ci, sian gli ac - cen - ti i no - stri ba - ci.

Fine

2. In te chiu - se a - mor sa - ga - ce, I dol - cis - si -

mi __ di - let - ti, Po - se il se - gno in te di pa - ce, Ri - si,

ba - ci e ca - ri det - ti. Ei per __ te tri - on - fa e __ re - gna,

Vin - ci - tri - ce ar - den - te in - se - gna, vin - ci - tri - ce ar -

Da Capo Al Fine

den - te in - se - gna.

Vergin, Tutto Amor

Band 9

FRANCESCO DURANTE
(1684-1755)

Andante non lento

p espr.

Ver - gin, tut - to a - mor, O ma - dre di bon -

ta - te, ma - dre pi - a, ma - dre pi - a! A - scol - ta, dolce Ma -

ri - a, La vo - ce del pec - ca - tor, del pec - ca -

tor. Il pian - to suo ti

muo - va, Giun ga - no a te i suoi la - men - ti, Suo duol, suoi tri - sti ac -

cen - ti, sen ta pie - to - so quel tuo cor, pie - to - so, pie - to -

so - pie - to - so quel tu - o

rall. *a tempo*

cor! O ma - dre di bon - ta - te, ver - gin tut - to a -

mor, o ma - dre di bon - tà o ver - gin tut - ta a -

rall.

mo - re, ver - gin tut - t'a - mor, a - mor.

Caro Mio Ben

GIUSEPPE GIORDANI
(1744-1798)

Sfogava Con Le Stelle

Band 11

GIULIO CACCINI
(1546-1618)

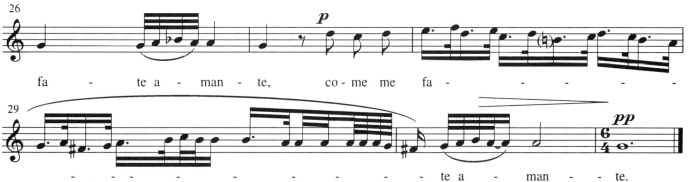

Nel Puro Ardor

(from "Euridice")

JACOPO PERI
(1560-1633)

Band 12

Mosso, serenamente

© Copyright 1993 MMO Music Group

Sento Nel Core

Band 13

ALESSANDRO SCARLATTI
(1659-1725)

Molto moderato senza trascinare

Sen - to nel co - re

cer - to do - lo - re, cer - to do - lo - re che la mia

pa - ce _____ tur - ban - do __ va, nel co - re,

nel co - re sen - to nel co - re cer - to do -

lo - re, cer - to __ do - lo - re che la __ mia pa - ce

tur - ban - do va, che la mia pa - ce tur - ban - do

va.

Splen - de u - na fa - ce che l'al - ma ac - cen - de, se non è a -

mo - re, _____ a - mor sa - rà, a-mor, _____ a - mor sa - rà.

20